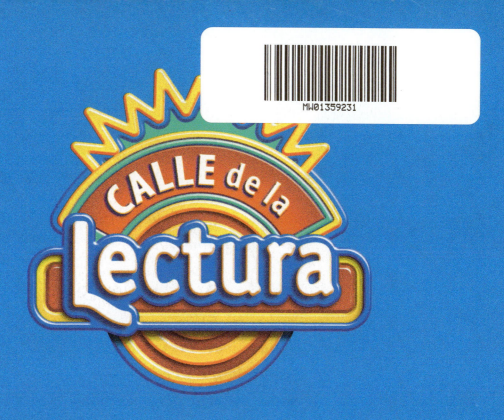

Autores del programa

Peter Afflerbach
Camille Blachowicz
Candy Dawson Boyd
Elena Izquierdo
Connie Juel
Edward Kame'enui
Donald Leu
Jeanne R. Paratore

P. David Pearson
Sam Sebesta
Deborah Simmons
Alfred Tatum
Sharon Vaughn
Susan Watts Taffe
Karen Kring Wixson

Autores del programa en español

Kathy C. Escamilla
Antonio Fierro

Mary Esther Huerta
Elena Izquierdo

Glenview, Illinois • Boston, Massachusetts • Chandler, Arizona
Upper Saddle River, New Jersey

*Dedicamos Calle de la Lectura a
Peter Jovanovich.*

*Su sabiduría, valentía
y pasión por la educación
son una inspiración para todos.*

Acerca del ilustrador de la cubierta
A Rob Hefferan le gusta rememorar los tiempos sencillos de su niñez en Cheshire, cuando su mayor preocupación era si comer palitos de pescado o Alfabeti Spagueti con el té. Las caras, los colores y las figuras de esa época son una inspiración siempre presente en su obra artística.

Acknowlegements appear on page 144, which constitute an extension of this copyright page.

Copyright © 2011 by Pearson Education, Inc., or its affiliates. All Rights Reserved. Printed in the United States of America. This publication is protected by copyright, and permission should be obtained from the publisher prior to any prohibited reproduction, storage in a retrieval system, or transmission in any form or by any means, electronic, mechanical, photocopying, recording, or likewise. For information regarding permissions, write to Pearson Curriculum Group Rights & Permissions, One Lake Street, Upper Saddle River, New Jersey 07458.

Pearson, Scott Foresman, and Pearson Scott Foresman are trademarks, in the U.S. and/or other countries, of Pearson Education, Inc., or its affiliates.

ISBN-13: 978-0-328-48725-7
ISBN-10:   0-328-48725-2
11 12 13 14 15 V3NL 16 15 14 13

Querido lector:

¡Las clases han comenzado! ¡Qué bueno! Vamos a dar un paseo por una calle muy famosa: la Calle de la Lectura. En el paseo nos van a acompañar el Osito Beto y un libro muy especial para ti: *Mi libro de destrezas*.

¿Listo? ¡Muy bien! En la Calle de la Lectura vamos a aprender a leer, a escribir y a pensar. Vamos a trabajar mucho, pero también nos vamos a divertir.

En la primera parte del paseo vamos a conocer muchos personajes interesantes. También vamos a hacer una parada en TruckTown.

Bueno, como dice el Osito Beto: "¡Vámonos!".

Cordialmente,

Los autores

Unidad 1: Contenido

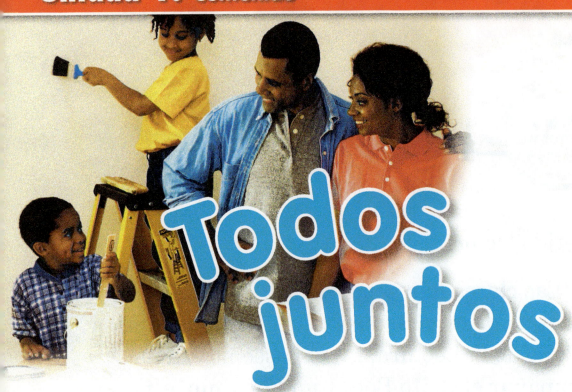

Todos juntos

 ¿Cómo vivimos, trabajamos y jugamos juntos?

Semana 1

Escuchemos sílabas 12

Comprensión: Elementos literarios 14

Reconocimiento de la letra impresa y
Palabras de uso frecuente 16

¡Ya puedo leer! Librito de fonética 1
   El abrazo 18

Poesía/Canción • Estudios Sociales
Rin, Rin, Rin, Do, Re, Mi por José Luis Orozco

Superlibro

Volver a contar/Piensa, habla y escribe 26

¡Aprendamos! 28

¡Practícalo! Mito 30

4

Semana 2

Escuchemos sílabas 32

Comprensión: Elementos literarios 34

Reconocimiento de la letra impresa y
Palabras de uso frecuente 36

¡Ya puedo leer! Librito de fonética 2
   El zoológico 38

Superlibro

Ficción realista • Estudios Sociales
¡Estamos muy orgullosos! por Donna Longo

Volver a contar/Piensa, habla y escribe 46

¡Aprendamos! 48

¡Practícalo! Texto expositivo 50

Unidad 1: Contenido

Semana 3

Escuchemos sílabas 52

Comprensión: Secuencia 54

Reconocimiento de la letra impresa y
Palabras de uso frecuente 56

¡Ya puedo leer! Librito de fonética 3
   Mami Osa y Osito 58

Cuento fantástico con animales • Estudios Sociales
Matías dibuja el sol por Rocío Martínez

Volver a contar/Piensa, habla y escribe 66

Superlibro

¡Aprendamos! 68

¡Practícalo! Fábula 70

Semana 4

Escuchemos sílabas 72

Comprensión: Clasificar y categorizar 74

Reconocimiento de la letra impresa y
Palabras de uso frecuente 76

¡Ya puedo leer! Librito de fonética 4
   La fiesta de la I 78

Ficción realista • Estudios Sociales
Las empanadas que hace la abuela
por Diane Gonzales Bertrand

Superlibro

Volver a contar/Piensa, habla y escribe 86

¡Aprendamos! 88

¡Practícalo! Receta 90

Semana 5

Escuchemos sílabas 92

Comprensión: Elementos literarios 94

Reconocimiento de la letra impresa y
Palabras de uso frecuente 96

¡Ya puedo leer! Librito de fonética 5

   Yo salto la U 98

Cuento fantástico • Estudios Sociales
¡A destrozar! ¡A desbaratar! por Jon Scieszka

Volver a contar/Piensa, habla y escribe 106

Superlibro

¡Aprendamos! 108

¡Practícalo! Letreros 110

Semana 6

Escuchemos sílabas 112

Comprensión: Clasificar y categorizar 114

Fonética y Palabras de uso frecuente 116

¡Ya puedo leer! Librito de fonética 6

   Mi día 118

Cuento fantástico • Ciencias
El zoo de Joaquín por Pablo Bernasconi

Volver a contar/Piensa, habla y escribe 126

Superlibro

¡Aprendamos! 128

¡Practícalo! Cuento folclórico 130

CALLE DE LA LECTURA ¡El camino digital!

Don Leu
Experto en Internet

La naturaleza de la lectura y el aprendizaje cambia ante nuestros propios ojos. La Internet y otras tecnologías crean nuevas oportunidades, nuevas soluciones y nuevos conocimientos. Para trabajar en línea hacen falta nuevas destrezas de comprensión de lectura. Estas destrezas son cada vez más importantes para nuestros estudiantes y nuestra sociedad.

Nosotros, los miembros del equipo de Calle de la Lectura, estamos aquí para ayudarte en este nuevo y emocionante viaje.

¡Míralo!

- Video de la pregunta principal

- Video de Hablar del concepto

- Animaciones de ¡Imagínalo!

- Libritos electrónicos

¡Escúchalo!

- Animaciones de *Cantemos juntos*

- Selecciones electrónicas

- GramatiRitmos

¡Hazlo!

- Ordenacuentos
- Libritos electrónicos
- Fichas electrónicas de letras

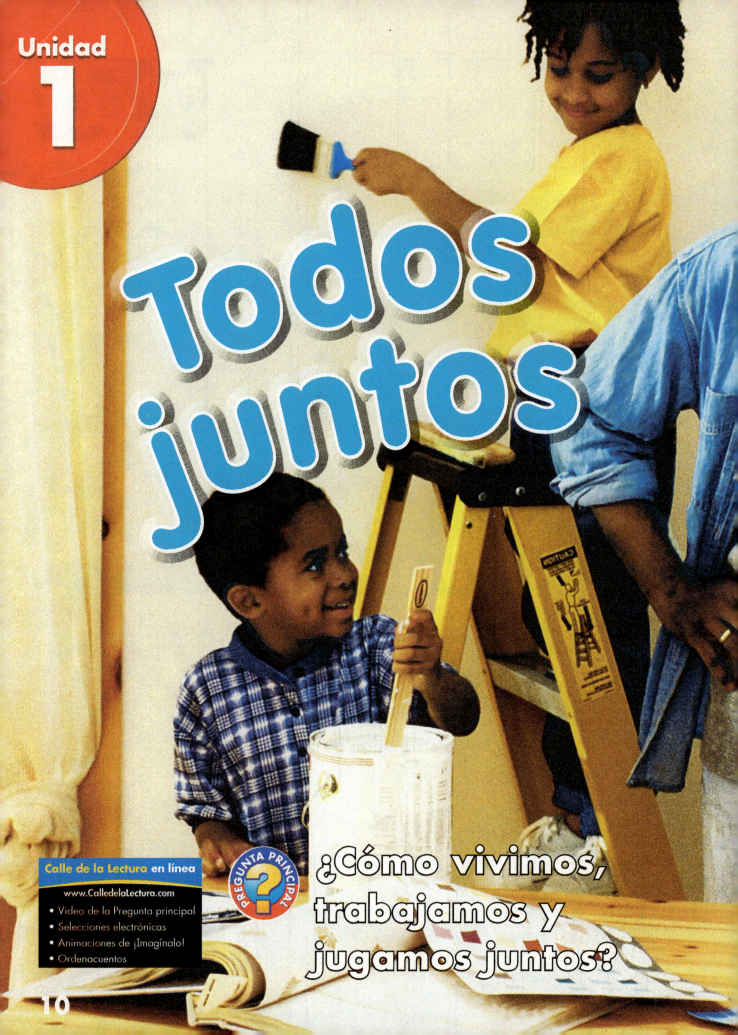

Objetivos
- Saber que una oración es un grupo de palabras.
- Distinguir pares de palabras que riman y pares que no riman.
- Decir con qué sílaba empieza una palabra.

Conciencia fonológica

Escuchemos

Sílabas

- Di: "La abeja vuela". Da una palmada por cada palabra que oigas. ¿Cuántas palmadas diste?

- Busca el avión. Di: "avión". ¿Con qué sílaba empieza *avión*?

- Busca otras cosas que empiecen como *avión*.

- ¿Qué par de palabras riman: *anillo/amarillo; azul/agua*?

Leamos juntos

CALLE DE LA LECTURA EN LÍNEA
VIDEO DE LA PREGUNTA PRINCIPAL
www.CalledelaLectura.com

12

Objetivos
• Identificar el ambiente, los protagonistas y los sucesos clave de un cuento. • Describir los personajes de un cuento y explicar por qué hacen lo que hacen.

Comprensión

¡Imagínalo!
Elementos literarios

CALLE DE LA LECTURA EN LÍNEA
ANIMACIONES DE ¡IMAGÍNALO!
www.CalledelaLectura.com

Personajes

Ambiente

Argumento

Objetivos
- Conocer las letras mayúsculas y las letras minúsculas. • Leer las cinco vocales. • Conocer el vocabulario adecuado al nivel del grado, con palabras de contenido y funcionales.

Conocimiento de la letra impresa

Reconocimiento de letras: Vocal *a*

Letras que conozco

Palabras de uso frecuente

Palabras que puedo leer

| **yo** |

Oraciones que puedo leer

Yo  .

Objetivos
- Conocer las letras mayúsculas y las letras minúsculas. • Leer las cinco vocales. • Conocer el vocabulario adecuado al nivel del grado, con palabras de contenido y funcionales.

Fonética

¡Ya puedo leer!

Librito de fonética

- **Vocal a**
  abrazo
  abrazos
  Abuela
  Abuelo
  Ana

- **Palabras de uso frecuente**
  yo

▲ Lee el cuento.

CALLE DE LA LECTURA EN LÍNEA
LIBRITOS ELECTRÓNICOS DE FONÉTICA
www.CalledelaLectura.com

Librito de fonética 1

El abrazo
por Carmen Pardo

 Yo abrazo a Abuelo.

Yo abrazo a Abuela.

 Yo abrazo a  Ana.

Yo abrazo a Abuelo.

Yo abrazo a Abuela.

Yo abrazo a Ana.

¡Abrazos!

Objetivos

- Identificar el ambiente, los protagonistas y los sucesos clave de un cuento.
- Contar en palabras propias un suceso de un cuento leído en voz alta.
- Hacer conexiones entre lo leído y las experiencias personales, las ideas de otros textos y la comunidad, y comentar evidencia del texto.

¡Imagínalo! Volver a contar

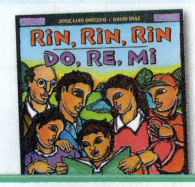

Superlibro

CALLE DE LA LECTURA EN LÍNEA
ORDENACUENTOS
www.CalledelaLectura.com

Piensa, habla y escribe

1. ¿Cómo te despiertas para ir a la escuela? El texto y tú

2. ¿Qué personajes son de *Rin, Rin, Rin, Do, Re, Mi*?

Elementos literarios: Personaje

3. Mira de nuevo y escribe.

Objetivos
- Escuchar atentamente, mirando a la otra persona, y hacer preguntas para aclarar la información.

¡Aprendamos!

Vocabulario
- Nombra los objetos de cada una de las ilustraciones. ¿Cuántos objetos hay en cada ilustración?
- ¿Cuáles usas?

Escuchar y hablar
- Señala la imagen del autobús.
- Cubre la imagen del autobús con tu mano.
- Simula que manejas un autobús.

Vocabulario

Prendas de vestir

abrigo

sombrero

botas

guantes

Escuchar y hablar

Instrucciones

¡Sé un buen oyente!

Objetivos
• Hacer y contestar preguntas sobre textos leídos en voz alta. • Identificar el ambiente, los protagonistas y los sucesos clave de un cuento. • Contar en palabras propias un suceso de un cuento leído en voz alta.

¡Practícalo!

Mito
- Escucha el cuento.
- ¿Cómo empieza?
- ¿Quién es el rey Midas?
- ¿Por qué todo lo que toca se convierte en oro?
- ¿Qué lección aprende el rey Midas?

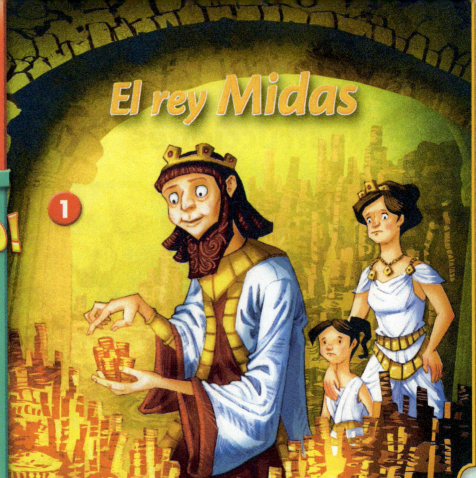

El rey Midas

Objetivos
- Saber que una oración es un grupo de palabras.
- Decir con qué sílaba empieza una palabra.

Conciencia fonológica

Escuchemos

Sílabas

- Di: "Elena corre". Da una palmada por cada palabra que oigas. ¿Cuántas palmadas diste?

- Busca el elefante. Di: "elefante". ¿Con qué sílaba empieza *elefante*?

- Busca otras cosas que empiecen como *elefante*.

CALLE DE LA LECTURA EN LÍNEA
VIDEO DE LA PREGUNTA PRINCIPAL
www.CalledelaLectura.com

Leamos juntos

Objetivos
• Identificar el ambiente, los protagonistas y los sucesos clave de un cuento.

Comprensión

¡Imagínalo!
Elementos literarios

CALLE DE LA LECTURA EN LÍNEA
ANIMACIONES DE ¡IMAGÍNALO!
www.CalledelaLectura.com

Personajes

Ambiente

Argumento

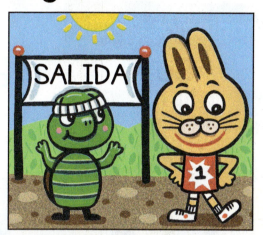
SALIDA

LLEGADA

Objetivos
- Saber que las palabras habladas se pueden escribir.
- Saber que una palabra hablada corresponde a una palabra escrita.
- Saber la diferencia entre una letra y una palabra escrita.
- Leer las cinco vocales.

Conocimiento de la letra impresa

Reconocimiento de letras: Vocal e

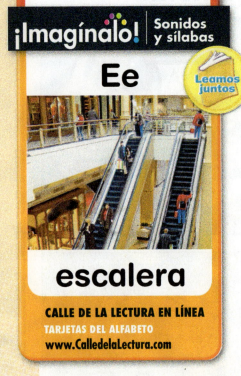

¡Imagínalo! Sonidos y sílabas

Ee — Leamos juntos

escalera

CALLE DE LA LECTURA EN LÍNEA
TARJETAS DEL ALFABETO
www.CalledelaLectura.com

Letras que conozco

E e

elefante

El elefante es enorme.

Palabras de uso frecuente

Palabras que puedo leer

| mami |

Oraciones que puedo leer

Mami .

Objetivos
- Conocer las letras mayúsculas y las letras minúsculas. • Leer las cinco vocales. • Conocer el vocabulario adecuado al nivel del grado, con palabras de contenido y funcionales.

Fonética

Librito de fonética

- **Vocal e**
  elefantes
  Elías
  entradas
  erizos
  escaleras
  espejos

- **Palabras de uso frecuente**
  mami
  yo

▲ Lee el cuento.

CALLE DE LA LECTURA EN LÍNEA
LIBRITOS ELECTRÓNICOS DE FONÉTICA
www.CalledelaLectura.com

Librito de fonética 2

El zoológico

por Carmen Pardo

Yo veo  entradas.

Yo veo elefantes.

Yo veo escaleras.

Yo veo erizos .

Yo veo a mami.

Yo veo espejos.

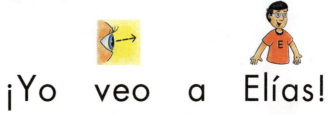

¡Yo veo a Elías!

Objetivos
• Identificar el ambiente, los protagonistas y los sucesos clave de un cuento. • Contar en palabras propias un suceso de un cuento leído en voz alta. • Volver a contar o representar sucesos importantes de los cuentos.

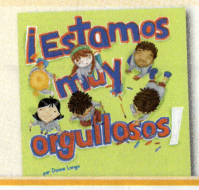

Superlibro

¡Imagínalo! Volver a contar

CALLE DE LA LECTURA EN LÍNEA
ORDENACUENTOS
www.CalledelaLectura.com

Piensa, habla y escribe

1. ¿Cómo trabajamos y jugamos juntos? **El texto y tú**

2. ¿Dónde sucede *¡Estamos muy orgullosos!*?

Elementos literarios: Ambiente

3. Mira de nuevo y escribe.

Objetivos
- Identificar y clasificar dibujos de objetos en grupos.
- Seguir las normas de conversación, hablar cuando toque el turno y hablar una persona a la vez.

¡Aprendamos!

Vocabulario
- 🔵 ¿Qué es rojo?
- 🟪 ¿Qué es blanco?
- 🔺 ¿Qué es azul?

Escuchar y hablar
- 🔵 ¿Dónde sucede el cuento?
- 🟪 ¿Qué parte te gusta más? ¿Por qué?
- 🔺 ¿Qué personaje te gusta más? ¿Por qué?

Vocabulario

Colores

rojo

blanco

azul

48

Escuchar y hablar

Responder a la literatura
Obra de teatro

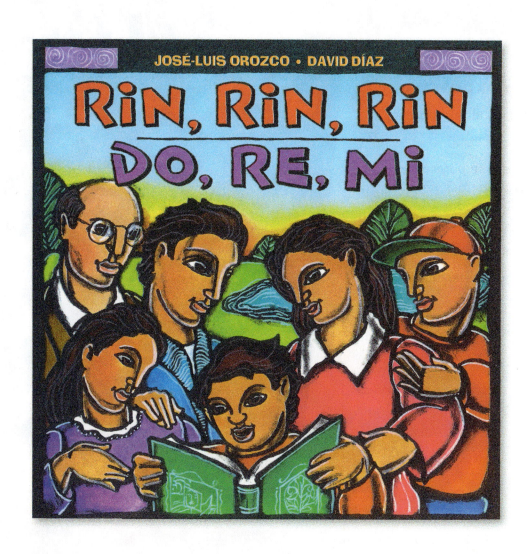

¡Habla con claridad!

Objetivos
• Decir de qué trata un texto informativo leído en voz alta. • Decir de qué trata un artículo basándose en las palabras y/o las ilustraciones, y dar detalles. • Volver a contar los hechos de un texto oído o leído.

¡Practícalo!

Texto expositivo
- 🔵 Escucha la selección.
- 🟪 ¿De qué trata?
- 🔺 ¿En qué se parecen las dos banderas? ¿En qué se diferencian?
- ⭐ ¿Por qué tiene 13 franjas nuestra bandera?
- 🧡 ¿Qué representan las 50 estrellas?

La bandera de los Estados Unidos

Nuestra bandera hoy

Primera bandera nacional

Objetivos
• Saber que una oración es un grupo de palabras. • Distinguir pares de palabras que riman y pares que no riman. • Decir con qué sílaba empieza una palabra.

Conciencia fonológica

Escuchemos

Sílabas

● Di: "El oso nada". Da una palmada por cada palabra que oigas. ¿Cuántas palmadas diste?

■ Busca las ollas. Di: "ollas". ¿Con qué sílaba empieza *ollas*?

▲ Busca otras cosas que empiecen como *ollas*.

★ ¿Qué par de palabras riman: *oso/ojo; oficina/oreja*?

Leamos juntos

CALLE DE LA LECTURA EN LÍNEA
VIDEO DE LA PREGUNTA PRINCIPAL
www.CalledelaLectura.com

52

Objetivos
- Describir en orden los sucesos de un cuento.

Comprensión

¡Imagínalo!

Secuencia

CALLE DE LA LECTURA EN LÍNEA
ANIMACIONES DE ¡IMAGÍNALO!
www.CalledelaLectura.com

Objetivos
- Saber que las palabras habladas se pueden escribir. • Saber que una palabra hablada corresponde a una palabra escrita. • Saber la diferencia entre una letra y una palabra escrita.
- Leer las cinco vocales.

¡Imagínalo! Sonidos y sílabas

Oo

oso

CALLE DE LA LECTURA EN LÍNEA
TARJETAS DEL ALFABETO
www.CalledelaLectura.com

Conocimiento de la letra impresa

Reconocimiento de letras: Vocal o

Letras que conozco

O o

oso

El oso es Beto.

Palabras de uso frecuente

Palabras que puedo leer

la

Oraciones que puedo leer

Yo  la  .

Objetivos
- Conocer las letras mayúsculas y las letras minúsculas. • Leer las cinco vocales. • Conocer el vocabulario adecuado al nivel del grado, con palabras de contenido y funcionales.

Fonética

Librito de fonética

- **Vocal o**
  ola
  Osa
  Osita
  Osito

- **Palabras de uso frecuente**
  la
  mami

▲ Lee el cuento.

CALLE DE LA LECTURA EN LÍNEA
LIBRITOS ELECTRÓNICOS DE FONÉTICA
www.CalledelaLectura.com

Librito de fonética 3

Mami Osa y Osito

por Floria Jiménez

 Mami Osa mira a Osito.

 Osita mira a Osito.

 Osito mira la ola.

Osito mira a mami Osa.

Osito mira a Osita.

—Osito, ¡la ola!

—¡Oh, oh!

Objetivos
- Contar en palabras propias un suceso de un cuento leído en voz alta.
- Describir en orden los sucesos de un cuento.

¡Imagínalo! | Volver a contar

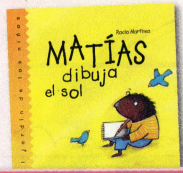

Superlibro

CALLE DE LA LECTURA EN LÍNEA
ORDENACUENTOS
www.CalledelaLectura.com

Piensa, habla y escribe

1. ¿Qué pasa cuando tu amiga quiere jugar afuera y tú quieres jugar adentro? **El texto y tú**

2. ¿Qué pasó primero? ¿Qué pasó por último?

Secuencia

3. Mira de nuevo y escribe.

Escuchar y hablar

Identificar la rima y el ritmo

¡Habla con claridad!

Objetivos
• Hacer y contestar preguntas sobre textos leídos en voz alta. • Comentar la idea principal (el tema) de un cuento folclórico popular o de una fábula popular y conectarla con la vida propia. • Describir los personajes de un cuento y explicar por qué hacen lo que hacen.

¡Practícalo!

Fábula

- Escucha la fábula.
- ¿Por qué el pastorcito avisa que viene el lobo las dos primeras veces?
- ¿Qué lección aprende el pastorcito? ¿Te ha pasado algo así? Cuéntalo.
- ¿Qué tiene que hacer ahora el pastorcito?

El pastorcito mentiroso

Objetivos
- Identificar las sílabas en palabras habladas. • Decir con qué sílaba empieza una palabra.

Conciencia fonológica

Escuchemos

Leamos juntos

Sílabas

- Di: "iguana". Da una palmada por cada sílaba que oigas. ¿Cuántas palmadas diste?
- Busca el imán. Di: "imán". ¿Con qué sílaba empieza *imán*?
- Busca otras cosas que empiecen como *imán*.

CALLE DE LA LECTURA EN LÍNEA
VIDEO DE LA PREGUNTA PRINCIPAL
www.CalledelaLectura.com

72

Objetivos
- Identificar y clasificar dibujos de objetos en grupos.

Comprensión

¡Imagínalo!

Clasificar y categorizar

CALLE DE LA LECTURA EN LÍNEA
ANIMACIONES DE ¡IMAGÍNALO!
www.CalledelaLectura.com

Objetivos
- Saber que las palabras habladas se pueden escribir.
- Entender que las oraciones tienen palabras separadas por espacios y reconocer esos espacios.
- Identificar las sílabas en palabras habladas.
- Leer las cinco vocales.

¡Imagínalo! Sonidos y sílabas

Ii

Leamos juntos

iglú

CALLE DE LA LECTURA EN LÍNEA
TARJETAS DEL ALFABETO
www.CalledelaLectura.com

Conocimiento de la letra impresa

Reconocimiento de letras: Vocal *i*

Letras que conozco

I i

iguana

Irma dibuja una iguana.

Palabras de uso frecuente

Palabras que puedo leer

un

Oraciones que puedo leer

Yo  un .

Objetivos
- Conocer las letras mayúsculas y las letras minúsculas. • Leer las cinco vocales. • Conocer el vocabulario adecuado al nivel del grado, con palabras de contenido y funcionales.

Fonética

¡Ya puedo leer!

Librito de fonética

- **Vocal *i***
  Idalia
  iglú
  Ignacio
  iguana
  imán
  insecto
  invitación
  isla
  Iván

- **Palabras de uso frecuente**
  la
  un

▲ Lee el cuento.

CALLE DE LA LECTURA EN LÍNEA
LIBRITOS ELECTRÓNICOS DE FONÉTICA
www.CalledelaLectura.com

Librito de fonética 4

La fiesta de la I

por Floria Jiménez

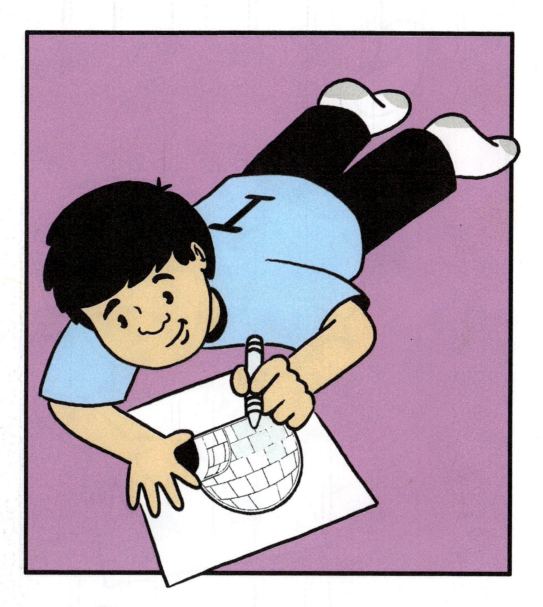

Iván dibuja un iglú.

Idalia dibuja un imán.

Ignacio dibuja un insecto.

Iván dibuja una iguana.

Idalia dibuja una isla.

Iván, Idalia e Ignacio

dibujan una invitación.

¡Una invitación a la fiesta de la I!

Objetivos
- Identificar y clasificar dibujos de objetos en grupos. • Volver a contar o representar sucesos importantes de los cuentos. • Hacer conexiones entre lo leído y las experiencias personales, las ideas de otros textos y la comunidad, y comentar evidencia del texto.

¡Imagínalo! | Volver a contar

Superlibro

1.
2.
3.
4.
5.
6.

CALLE DE LA LECTURA EN LÍNEA
ORDENACUENTOS
www.CalledelaLectura.com

Piensa, habla y escribe

1. ¿Dónde compra tu familia el pan? ¿Dónde compra las verduras? **El texto y el mundo**

2. ¿Qué cosas van juntas?

Clasificar y categorizar

3. Mira de nuevo y escribe.

Objetivos
• Entender y usar palabras que nombren acciones, direcciones, posiciones, secuencias y lugares. • Comentar información e ideas de manera clara, usando las normas del lenguaje. • Seguir las normas de conversación, hablar cuando toque el turno y hablar una persona a la vez.

¡Aprendamos!

Vocabulario
- Habla de las ilustraciones.
- ¿Adónde vas en tu vecindario?

Escuchar y hablar
- ¿Qué color te gusta más? ¿Por qué?

Vocabulario

Lugares

biblioteca

parque

escuela

oficina de correos

Escuchar y hablar

Acerca de mí

¡Habla con claridad!

Objetivos
• Hacer y contestar preguntas sobre textos leídos en voz alta. • Entender y usar palabras que nombren acciones, direcciones, posiciones, secuencias y lugares. • Comentar las razones de leer y escuchar diversos tipos de textos.

Verduras con crema de curry

Paso 1

¡Practícalo!

Receta
- Escucha la receta.
- ¿Cuál es el tercer paso de la receta?
- ¿Qué palabras nombran acciones?
- ¿Por qué leemos recetas?

90

Paso 2

Paso 3

Paso 4

Objetivos
- Identificar las sílabas en palabras habladas.
- Distinguir pares de palabras que riman y pares que no riman.
- Decir con qué sílaba empieza una palabra.

Conciencia fonológica

Escuchemos

Sílabas

- Di: "uno". Da una palmada por cada sílaba que oigas. ¿Cuántas palmadas diste?

- Busca las uvas. Di: "uvas". ¿Con qué sílaba empieza *uvas*?

- Busca dos cosas que empiecen como *uvas*.

- ¿Qué par de palabras riman: *unir/uno*; *como/tomo*?

CALLE DE LA LECTURA EN LÍNEA
VIDEO DE LA PREGUNTA PRINCIPAL
www.CalledelaLectura.com

Objetivos
- Identificar el ambiente, los protagonistas y los sucesos clave de un cuento.
- Describir los personajes de un cuento y explicar por qué hacen lo que hacen.

Comprensión

¡Imagínalo!

Elementos literarios

CALLE DE LA LECTURA EN LÍNEA
ANIMACIONES DE ¡IMAGÍNALO!
www.CalledelaLectura.com

Personajes

Ambiente

94

Argumento

Objetivos
• Saber que las palabras habladas se pueden escribir. • Entender que las oraciones tienen palabras separadas por espacios y reconocer esos espacios. • Identificar las sílabas en palabras habladas. • Leer las cinco vocales.

Conocimiento de la letra impresa

Reconocimiento de letras: Vocal *u*

Letras que conozco

uvas

uvas

Yo como uvas.

Palabras de uso frecuente

Palabras que puedo leer

| sí |

Oraciones que puedo leer

Yo sí  .

Objetivos
• Conocer las letras mayúsculas y las letras minúsculas. • Leer las cinco vocales. • Conocer el vocabulario adecuado al nivel del grado, con palabras de contenido y funcionales.

Fonética

¡Ya puedo leer!

Librito de fonética

- **Vocal *u***
  U
  Ulises
  Unicornio
  Urraca

- **Palabras de uso frecuente**
  la
  sí

▲ Lee el cuento.

CALLE DE LA LECTURA EN LÍNEA
LIBRITOS ELECTRÓNICOS DE FONÉTICA
www.CalledelaLectura.com

Yo salto la U

por Floria Jiménez

Librito de fonética 5

Ulises sí salta la U.

Urraca sí salta la U.

Unicornio sí salta la U.

—¡Sí, la U! —salta Ulises.

—¡Sí, la U! —salta Urraca.

—¡Sí, la U! —salta Unicornio.

¡Sí, salta la U!

Objetivos
- Identificar el ambiente, los protagonistas y los sucesos clave de un cuento.
- Contar en palabras propias un suceso de un cuento leído en voz alta.
- Describir los personajes de un cuento y explicar por qué hacen lo que hacen.
- Volver a contar o representar sucesos importantes de los cuentos.

¡Imagínalo! Volver a contar

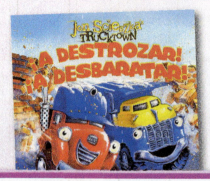

Superlibro

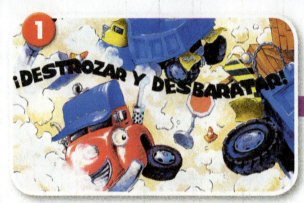

CALLE DE LA LECTURA EN LÍNEA
ORDENACUENTOS
www.CalledelaLectura.com

Piensa, habla y escribe

1. ¿Qué haces con tus amigos? *El texto y tú*

2. ¿Qué personaje es de *¡A destrozar! ¡A desbaratar!*?

Elementos literarios: Personaje

3. Mira de nuevo y escribe.

Objetivos
- Entender y usar palabras que nombren acciones, direcciones, posiciones, secuencias y lugares.
- Seguir las normas de conversación, hablar cuando toque el turno y hablar una persona a la vez.

¡Aprendamos!

Vocabulario
- ● ¡Manos arriba! ¡Manos abajo!
- ■ Habla de las ilustraciones.
- ▲ ¡Manos dentro de los bolsillos! ¡Manos fuera de los bolsillos!

Escuchar y hablar
- ● Haz un anuncio.

Vocabulario

Posición

dentro

 fuera

arriba

 abajo

Escuchar y hablar
Anuncios y mensajes

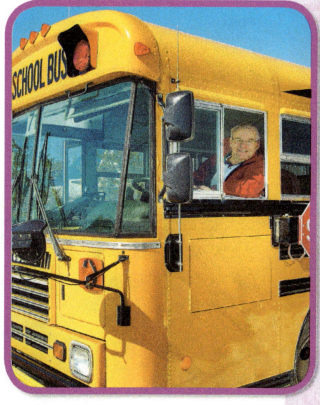

¡Habla con claridad!

Objetivos
• Decir de qué trata un texto informativo leído en voz alta. • Decir el significado de señales. • Comentar las razones de leer y escuchar diversos tipos de textos.

El mercado

¡Practícalo!

Letreros

- 🔵 Escucha la selección.
- 🟪 ¿De qué trata?
- 🔺 Busca todos los letreros. Di qué quiere decir cada uno.
- ⭐ ¿Qué notas sobre las formas y los colores de los letreros?
- 🧡 ¿Por qué son importantes los letreros?

Objetivos
- Identificar las sílabas en palabras habladas.
- Decir con qué sílaba empieza una palabra.

Conciencia fonológica

Escuchemos

Sílabas

- Di: "moto". Da una palmada por cada sílaba que oigas. ¿Cuántas palmadas diste?

- Busca el mapa. Di: "mapa". ¿Con qué sílaba empieza *mapa*?

- Di: "mano", "mata", "maleta". ¿Con qué sílaba empiezan estas palabras?

- Busca un animal que empiece con la sílaba *ma*.

CALLE DE LA LECTURA EN LÍNEA
VIDEO DE LA PREGUNTA PRINCIPAL
www.CalledelaLectura.com

Leamos juntos

Objetivos
- Identificar y clasificar dibujos de objetos en grupos.

Comprensión

¡Imagínalo!

Clasificar y categorizar

CALLE DE LA LECTURA EN LÍNEA
ANIMACIONES DE ¡IMAGÍNALO!
www.CalledelaLectura.com

Objetivos
- Leer sílabas. • Leer sílabas y palabras solas y en un texto. • Saber que al cambiar, añadir o quitar sílabas se forman palabras nuevas.

Fonética

Sílabas con *m*

Sonidos y sílabas que puedo combinar

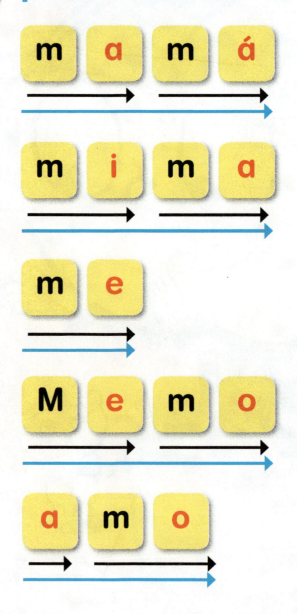

Palabras de uso frecuente

Palabras que puedo leer

el

Oraciones que puedo leer

El  ama a la mami.

Objetivos
- Conocer las letras mayúsculas y las letras minúsculas. • Leer sílabas.
- Conocer el vocabulario adecuado al nivel del grado, con palabras de contenido y funcionales.

Fonética

¡Ya puedo leer!

Librito de fonética

- **Sílabas con *m***
  ama
  amo
  Ema
  maestra
  mami
  me
  mi
  mí
  mima
  Mimí
  mimo
  muñeca

- **Palabras de uso frecuente**
  el
  mami
  yo

▲ Lee el cuento.

CALLE DE LA LECTURA EN LÍNEA
LIBRITOS ELECTRÓNICOS DE FONÉTICA
www.CalledelaLectura.com

Librito de fonética 6

Mi día
por Alicia Garay

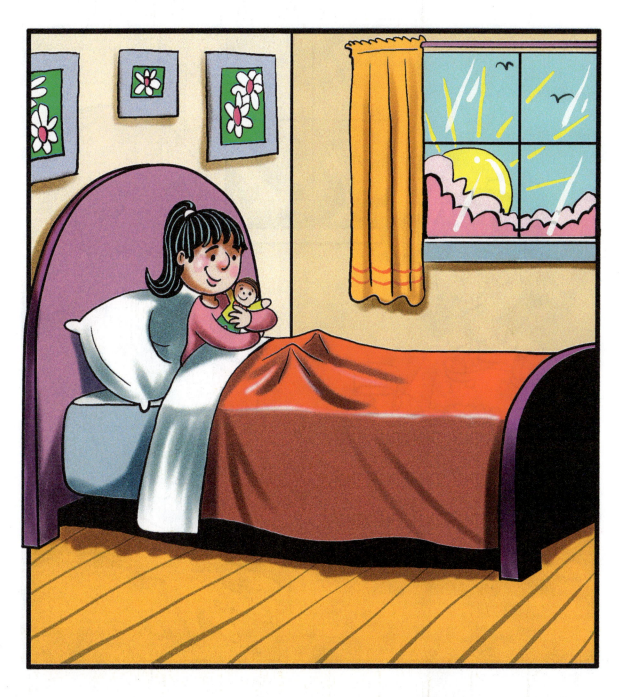

Yo amo el muñeco.

Yo amo a mami.

Yo amo a Mimí.

Yo amo a Ema.

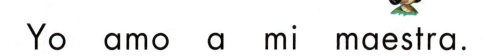

Yo amo a mi maestra.

Yo amo y mimo el muñeco.

Mami me ama y me mima a mí.

Objetivos
- Identificar y clasificar dibujos de objetos en grupos.
- Volver a contar los hechos de un texto oído o leído.
- Hacer conexiones entre lo leído y las experiencias personales, las ideas de otros textos y la comunidad, y comentar evidencia del texto.

¡Imagínalo! Volver a contar

Superlibro

EL ZOO DE JOAQUÍN

CALLE DE LA LECTURA EN LÍNEA
ORDENACUENTOS
www.CalledelaLectura.com

126

Piensa, habla y escribe

1. ¿En qué se parecen *Rin, Rin, Rin, Do, Re, Mi* y *El zoo de Joaquín*? **De texto a texto**

2. ¿Qué cosas van juntas?

Clasificar y categorizar

3. Mira de nuevo y escribe.

Objetivos
- Escuchar atentamente, mirando a la otra persona, y hacer preguntas para aclarar la información.

¡Aprendamos!

Vocabulario
- Habla de las ilustraciones.
- ■ ¿Qué es grande? ¿Qué es pequeño?
- ▲ ¿Quién es alta? ¿Quién es baja?

Escuchar y hablar
- ¿Qué palabras riman?

Vocabulario
Tamaño

grande

pequeño

alta

baja

128

Escuchar y hablar

Responder a la literatura
Rima y ritmo

¡Sé un buen oyente!

Objetivos
• Comentar la idea principal (el tema) de un cuento folclórico popular o de una fábula popular y conectarla con la vida propia. • Reconocer frases y personajes de cuentos de diferentes culturas

Los tres cerditos

¡Practícalo!

Cuento folclórico
- Escucha el cuento.
- ¿Qué sabemos del tercer cerdito?
- ¿Qué dice el lobo cada vez que llega a una casa?
- ¿Qué aprenden los dos primeros cerditos?
- ¿Por qué nos gusta leer o escuchar cuentos como éste?

Glosario ilustrado

Medios de transporte

avión

bicicleta

camión

carro

autobús

camioneta

bote

tren

Colores

Glosario ilustrado

Figuras

Lugares

escuela

casa

parque

estación de tren

estación de policía

estación de bomberos

oficina de correos

biblioteca

Glosario ilustrado

Animales

Glosario ilustrado

Acciones

subir

caminar

correr

volar

nadar

montar

saltar

bajar

138

Glosario ilustrado

Mi clase

140

Glosario ilustrado

Emociones

feliz

asustado

preocupado

entusiasmada

enojado

orgullosa

triste

sorprendida

Reconocimientos

Illustrations

Cover: Rob Hefferan
12 59-63, 65, 99-101, 103-105 Stephen Lewis
19-25, 119-125 Eldon Doty
28 George Ulrich
32 Amanda Haley
39-45, 52 Ivanke & Lola
72 Hector Borlasca
79-85, 92 Mary Sullivan
110 Mick Reid
112 Kellie Lewis.

The *Texas Essential Knowledge and Skills for Spanish Language Arts and Reading* reproduced by permission, Texas Education Agency, 1701 N. Congress Avenue, Austin, TX 78701.

Photographs

Every effort has been made to secure permission and provide appropriate credit for photographic material. The publisher deeply regrets any omission and pledges to correct errors called to its attention in subsequent editions.

Unless otherwise acknowledged, all photographs are the property of Pearson Education, Inc.

Photo locators denoted as follows: Top (T), Center (C), Bottom (B), Left (L), Right (R), Background (Bkgd)

10 ©Michael Keller/Corbis;
29 ©Alan Schein Photography/Corbis, ©Ron Chapple/Corbis;
88 ©Andersen Ross/Blend Images/Corbis, ©Derrick Alderman/Alamy Images, ©Ellen Isaacs/Alamy Images, Corbis/Jupiter Images;
109 ©Jim Craigmyle/Corbis, ©Peter Christopher/Masterfile Corporation;
127 (B) ©David R. Frazier Photolibrary, Inc./Alamy Images, (L) ©DK Images, (R) Getty Images;
128 Corbis/Jupiter Images, Jupiter Images;
129 ©ImageState/Alamy Images, ©Ron Buskirk/Alamy Images, Jupiter Images;
132 (CR) ©Basement Stock/Alamy, (TR, TL, TC, BL) Getty Images;
133 (B) Getty Images;
135 (BR) ©Andersen Ross/Getty Images, (BCL) ©Guillen Photography/Alamy Images, (BCR) ©Kinn Deacon/Alamy Images, (TCR) Photos to Go/Photolibrary;
136 (BR) ©Arthur Morris/Corbis, (CC) ©Cyril Laubscher/DK Images, (TL) ©Dave King/DK Images, (BC) ©Gordon Clayton/DK Images, (CR) ©Karl Shone/DK Images, (CL) ©Marc Henrie/DK Images, (TR) DK Images, (TC, BCL) Getty Images, (BL) Jane Burton/©DK Images;
137 (CR) ©A. Ramey/PhotoEdit, (BR) ©Comstock Images/Jupiter Images, (CL) ©Cyndy Black/Robert Harding World Imagery, (CC) ©Dave King/DK Images, (BR, BC) ©Gordon Clayton/DK Images, ©Rudi Von Briel/PhotoEdit, (TC, BL) Getty Images.
138 ©Corbis/Jupiter Images, (TR) ©Rubberball Productions, Corbis/Jupiter Images, (BC) Photos to Go/Photolibrary, (TC) ©Steve Shott/©DK Images;
139 (TR, TC) ©Max Oppenheim/Getty Images, (CR, BR) Getty Images, (C, BL) ©Rubberball Productions;
142 (CR) pete pahham/Fotolia, (BL) ©Simon Marcus/Corbis, (TR, TL) Getty Images, (TC) Jupiter Images, (C) Photos to Go/Photolibrary, (BR) ©Rubberball Productions.